샘물시집시리즈 ● 005

정연옥 시집

여백을 위하여

문학공동체샘물

샘물시집시리즈 005
여백을 위하여

지 은 이	정연옥
펴 낸 이	김운기 임화자
펴 낸 곳	문학공동체샘물
디 자 인	곽효민
교　　정	안희주

등 록 일	2025년 8월 20일
등록번호	제2025-000030호
주　　소	수원시 팔달구 화서문로 35, 3층
전　　화	031-269-9991
팩　　스	031-241-2322
전자우편	sammul25@naver.com

ISBN 979-11-992167-6-1

이 책의 판권은 지은이와 문학공동체샘물에 있습니다.
양측의 동의 없는 무단 전재 및 복제를 금합니다.

샘물시집시리즈 005

여백을 위하여

정연옥

2025

시인의 말

詩가 나를 다독여 줍니다
공허한 시간
낙서 같은 詩 몇 줄 쓰고 되돌아보면
삶을 사는 일이고
삶을 가꾸는 일이며
삶을 반추하는 일입니다

주경야독의 곡절 많은 삶에서
시를 접하면 마음이 평온해집니다

삶의 흔적을 모아 첫 시집을 엮습니다
설익은 밥처럼 첫 시집이 부끄럽지만
첫 번째라는 기쁨의 의미를 함께 담습니다

2025년 초가을 소현 정연옥

여백을 위하여

차례

- **해설**   12

- **그 편지는 부치지 못한다**

  시 한 줄   31
  삶의 무게   32
  흔적   33
  떠나감에 대하여   34
  오늘   35
  버거운 이름값   36
  벗의 약속   37
  묵향의 길   38
  오늘이 최고의 날   39
  세월이 가면   40
  아름다운 삶   41
  행복한 순간   42
  마음의 촛불   43
  삶은 흘러가는 강물   44
  소금사랑   45
  뚝배기   46

❦ 착한 의자처럼

해돋이	51
사노라면	52
마음에 내리는 비	53
그걸 못합니다	54
나도 위선자	55
물처럼 살 수 있다면	56
눈물	57
생각 차이	58
소소한 행복	59
그냥	60
팔달산이 부르네	61
화성행궁 느티나무	63
빈 의자	64
메아리	65
마지막 달력 한 장	66

❦ 여백을 위하여

달빛	71
여름밤의 추억	72
꿈	73
이별	74
여백을 위하여	76

가을비	77
낙서장	78
황혼의 설렘	79
어울림의 행복	80
나를 사랑하리	81
귀인을 만나다	82
선망의 그 사람	84
그대는 좋은 사람	85
친구	86
징검다리	87
위력의 혀舌	88

❤ 그냥 좋다 바보 어미

오월에 띄우는 편지	93
어버이날	94
보리밥	95
사랑	96
설날	97
바보	98
어미의 마음	99
가을 사랑	100
너와 나	101
무지개	102
갈망하던 선물	103

주름살	104
약속	105
시골뜨기 소녀	106
입춘을 맞아	107
새해가 되면	108
설 명절이면	109

❸ 겸손하게 낮은 자세로

신록을 보며	115
끈끈한 꽃 친구들	116
여의루如意樓의 명상	117
겨울 산	118
꽃바람	119
5월의 향기	120
보리밭	121
제비꽃	122
오월 이팝나무꽃	123
토끼풀	124
찔레꽃	125
봉숭아꽃	126
구월이 오면	127
눈	128
강변의 수양버들	129
할미꽃	130

해설

| 해 설 |

긍정의 지향성과 성찰적 삶의 미학
― 정연옥 시인의 시 세계

월린 진순분 (시인, 칼럼니스트)

시 쓰는 일은 문자로 표현하는 행위에 앞서 마음을 맑게 다듬는 일이 우선되어야 한다. 청정한 마음의 바탕을 지닌 뒤라야 격조 높은 시를 기대할 수 있듯, 순수한 마음으로 시의 경지에 들어서야 한다. 『논어』 팔일편八佾篇 제8장에 회사후소繪事後素라는 구절이 나온다. "그림 그리는 일은 흰 바탕이 있고 난 뒤이다"라는 말이다. 동양화에서 하얀 바탕이 없으면 그림을 그리는 일이 불가능한 것과 마찬가지로, 소박한 마음의 바탕이 없다면 눈과 코와 입의 아름다움만으로 여인의 아름다움을 표현할 수 없는 것이다. 여백의 미에 대한 신비감과 감춤의 매력이라 할 수 있다.

그렇기에 시를 쓰기 위한 준비 단계로서 첫 번째 할 일은 한없이 마음을 비우고 오로지 정신을 한곳으로 몰입해야 한다. 몰입할 때 비로소 영감靈感이 온다. 시를 쓸 때 시인들은 마치 하늘에서 어떤 계시를 받은 것처럼, 뜻

밖의 감응을 받은 심리상태가 영감inspiration이다. 시는 이 영감에 의해서 이루어진다고 말하는데 이 영감은 그리 흔한 것은 아니다. 부단히 노력하며 몰입하는 자세에서 이루어지는 일이다.

이러한 시 쓰기를 통해서 뒤늦은 나이에 문단에 등단한 시인이 있다. 바로 정연옥 시인이다. 2024년 《수원문학》 겨울호로 시 부문 신인상의 영광을 안았다. 수상 소감에서도 "석양에 노을 지는 팔순의 나이 늦깎이 삶에 《수원문학》 신인상 당선 소식은 하늘을 나는 감동"이라고 할 때, 시상식장에 온 하객들은 모두 눈물을 글썽였다. 매우 인상적인 시상식이었던 기억이 아직도 떠오른다. 오랫동안 노트에 차곡차곡 써 두었던 시에 많은 퇴고를 거치고 정리하여 드디어 첫 시집을 내게 된 것이다.

1. 실존적 부재의 관통과 자의식

둥근 달빛 아래
손가락 걸며 맹세한
백 년의 약속

그 약속 져버리고
속절없이 떠나간 그 빈자리
날이 가고 달이 가면
잊히리란 말도 거짓말

긴긴밤 잠 못 이루며

달래보는 내 마음 빈자리

그 무엇으로도

채울 수 없는

세월의 흐름 따라 더 커지는

애잔한 빈자리

뜨거웠던 사랑 탓일까

날마다 애틋한

그 편지는 부치지 못한다

- 「떠나감에 대하여」 전문

젊은 날 일찍 떠나간 지아비를 그리워하는 내용이다. 홀로 고생하며 살아온 세월 속에서, 날마다 지아비를 그리며 써 내려간 편지일 것이다. 그렇게 쓴 애틋한 편지를 부치지 못하는 심정을 잘 그려낸 작품이다. 난해한 언어 구사보다는 담백하고 진솔한 우리 한국 여인의 애환과 정서를 잘 그려내 가식이 없어 감동을 준다. 상실의 감정을 서정적으로 담아내어 시간이 해결해 줄 거라는 말조차 거짓이라는 깊은 슬픔을 담고 있다. "빈자리"와 "애틋한 편지" 등의 이미지를 통해 그 이별은 평생을 관통하는 진실임을 강조한다.

한 해가 저물어 가는 날

시인이란

버거운 칭호 받았다

기쁨과 함께 짓누르는 이름값

만감이 교차한다

마음을 다스려본다
고목도
새싹에서 자라났듯
천 리 길도
한 걸음부터 걷듯이
시와 벗 되어
끝없이 문향으로 빛나는
그 이름값 되리

― 「버거운 이름값」 전문

 등단하여 시인이라는 이름을 얻고서 느끼는 기쁨과 함께, 책임감의 무게가 어깨를 무겁게 하는 감정을 드러낸 작품이다. 처음에 시인으로 등단할 때 이런 감정은 누구나 가져 본 느낌일 것이다. "버거운 칭호"와 "짓누르는 이름값"에 만감이 교차한다는 심정을 솔직하게 표현하여 돋보인다.
 첫 연에서는 시간과 자아 인식을 그려내고, 둘째 연에서는 앞으로의 다짐과 자기 수양을 연마하려는 자세를 말한다. 그리고 거기에 따른 의지를 표현한다. "고목도 새싹에서 자라났듯"이란 직유의 함축적 비유로 나타내고 있다. 그리고 시인의 자세와 미래를 "문향으로 빛나는"이란 이름값으로 문학의 이름으로 이루어 내는 삶의 향기로움을 통해, 세상에 의미 있는 흔적을 남기겠다는 소망이 담겨 있다.

3. 현실의 꿈 빛나는 도전적 삶

노년의 가슴 속에도
꿈은 꿈틀거린다

그 누구도 알 수 없고
느낄 수 없는
오직 나만의 꿈

젊은이들은
노인이 무슨 꿈이 있으랴
빈정댈진 몰라도

그 꿈을 위해 도전해 보자
꿈은 삶의 원동력이 아닐까
꿈은 꿈으로 끝날지라도

-「꿈」전문

꿈이란 좋은 것이다. 절망 속에서도 희망을 품게 한다. 나이와 관계없이 꿈꿀 수 있음을 강조하는 점에서 감동을 준다. 꿈이란 삶을 풍요롭게 살기 위해 마음의 씨앗을 심는 일이다. 꿈이란 도전하는 것이다. 도전한다는 것은 상대와 맞서 어려움을 극복하고 정면으로 승부를 겨루는 일이다. "꿈으로 끝날지라도 도전하겠다"라는 표현은 삶에 대한 의지와 자기 긍정을 드러낸다. 그것은 곧 "삶의 원동력"이 되기 때문이다. 나이와 관계없이 꿈꿀 수 있음을 강조하는 점에서 감동을 준다.

정신분석의 창시자 프로이트Sigmund Freud는 꿈을 "무의식으로 가는 왕도"라고 불렀다. 문학에서 이는 등장인물의 억압된 욕망이나 트라우마가 꿈을 통해 상징적으로 나타나는 방식으로 구현된다.

일부 고승들은 꿈에서도 수행을 계속한다고 한다. 꿈을 꾸는 동안에도 자신이 꿈꾸고 있음을 알아차리는 자각몽自覺夢 Lucid Dream 상태에서 참선, 염불, 법문을 이어간다고 한다. 이건 '꿈에서도 깨어 있음'을 실현하는 최고의 명상 상태라고 불리며. 꿈과 현실을 모두 관觀의 눈으로 보는 것이다. 觀은 '보다'라는 뜻이지만 단순히 보는 것이 아니라. 본질과 흐름을 꿰뚫어 보는 안목을 의미한다. 觀의 의미는 문학뿐만 아니라 모든 예술에서 필요한 사색이다.

오늘은 운 좋은 날
매일 아침 출근 시
버스를 이용한다

버스 앞쪽엔
임산부 노약자 자리
지정석이다

늘 비어 있어 앉는다
임산부 승차하면
자리 양보해 주려 하지만

수많은 날
기회 오지 않았다
오늘 비로소
배가 둥그런 큰 복을 담은 모습
한 귀인을 만났다

저출산 시대
임산부 천사 같은 귀인
자리 양보하는
흐뭇한 날이었다

-「귀인을 만나다」 전문

  버스에서 임산부에게 자리를 양보하며 느낀 기쁨을 표현한 이 시는, 작은 선행을 통해 일상을 특별하게 만드는 시인의 시각을 보여준다. 임산부의 모습을 "배가 둥그런 큰 복을 담은 모습"으로 마침내 "천사 같은 귀인"으로 비유한다. 이제는 동네 골목에서도 아기 울음소리가 사라지고 있는 현실이다. 어린이의 천진난만한 웃음소리는 얼마나 밝고 아름답게 온 천지를 울리는 소리인가. 존엄성과 생명의 신비에 대한 경외를 담고 있다. 그렇기에 자리를 양보하는 단순한 행위가 자기 삶의 보람이 되는 순간으로 승화된다.
  지금 우리는 저출산 시대를 살고 있다. 그로 인한 사회적 문제가 심각하다. 출산율이 증가하려면, 개인이 느끼는 삶의 행복과 가치가 증가하고 이를 자기 자식도 누릴 것이라는 확신이 있어야 한다. 현재 저출산 시대에 당면

한 한국 사회가 해결해야 하는 사회적 문제라고 여겨진다.

4. 가족의 끈 진정한 모성애

해맑은 얼굴
영리하고 당당한 모습
가문의 주춧돌 역할 하는
큰 며느리에게 건강의 적신호
집안에 먹구름 가득하다

우리나라 의술이 발달하였고
최고 의료진 치료받고 있으니
먹구름 지나가고 무지개 뜰 것이다
조금만 인내하렴

우리 가족 늘 두 손 모아
간절히 기도, 기도 하고 있다
집안 걱정 다 내려놓고
본인만을 위한 건강
긍정의 삶 바란다
엄마로서 무엇하나 도움 줄 수 없는
안타까움
머지않아 먹구름 걷히고
파릇파릇 오월 연둣빛 펼쳐지리라

-「오월에 띄우는 편지」 전문

몸이 아픈 며느리를 향해 시어머니가 편지 형식으로 쓴 이 시는, 끈끈한 가족 간의 연대와 사랑, 기도의 힘을 빌려 완쾌되고자 소망한다. 희망과 현실 사이의 긴장감을 완곡히 풀어낸다. "최고 의료진"이란 희망적 암시를 통해 치료하면 나을 것이라는 위로로 조금만 인내하라는 눈물겨운 편지로 표현한다. 그것은 먹구름 지나고 무지개 뜰 것이라고 안심시키는 위안의 말이다. 먹구름과 무지개로 현실의 어두움과 희망적인 메시지를 비유한다. 끝 행에서도 "먹구름 걷히고 파릇파릇 오월 연둣빛 펼쳐지리라"라고 신록의 밝은 이미지로 위로의 말을 절실하게 표현하는 것이다. 무기력함 속에서도 가족이 모두 며느리를 위해 기도하는 상황이다. 가족의 힘이란 바로 이런 것이다. 그 힘은 기적을 불러오기까지 한다. 어머니의 마음은 누구보다 더 간절하고 애틋하여 무엇이라도 다 해주고 싶은데, 정작 도움 줄 수 없는 안타까운 마음을 잘 그리고 있다.

생각만 해도 좋다
바라보면 더 좋다

미운 짓을 해도
예쁜 짓을 해도
그냥 좋다

왜 좋은지 나도 모른다
내 마음이 시킨다

내 삶에 희망을 안겨준

아들이란 이름

그냥 좋다 마음이 달다

바보 어미

-「바보」전문

  자식에 대한 모든 부모의 사랑은 숭고하며 끝이 없다. 이 작품은 자식에 대한 무조건적인 사랑을 노래하는 시로, 아들에 대한 감정이 "바보 어미"라는 표현으로 어리석도록 진실되게 전해진다. 사랑하는 데는 이유가 없는 것이다. "그냥 좋다"라는 반복은 무조건적인 모성애를 잘 드러내는 표현이다. "미운 짓을 해도"라는 말은 비록 마음에 들지 않는 예쁜 짓에 반대 개념일지라도 "그냥 좋다"라는 데 있다. 그것의 정답은 바로 "내 삶에 희망을 안겨준/ 아들이란 이름"이기 때문이다. 자식은 그럴 수밖에 없다. 옛말에 오죽하면 자식은 애물단지라고 했을까. 누구나 공감이 가는 혈연관계로서 특히 시인은 자식에 대한 애착심이 강함을 드러낸다. 일찍 떠난 남편 대신 온갖 고생으로 홀로 키운 자식 삼 형제는 더 애달프기 때문이다. 누구나 어머니가 되어 어머니 마음으로 읽어보면, 따뜻하면서도 뭉클한 여운이 남는 작품이다.

5. 자연 심취 여유로움의 사색

싱그러운 녹색 품에 안겨

빨간 볼 내밀고
화사한 미소 손짓으로
발걸음을 잡는다

누군가
너를 5월의 여신
장미라고 했던가

너의 정열적 화려함에 매료되어
나도 장미꽃인 양
향기에 취해 몽롱해진다
너의 모습 닮고 싶어 속삭여 본다
옆에 있는 가시가
옆구리를 찌른다
'너 자신을 알라'고 한다

—「5월의 향기」 전문

    5월은 장미의 계절이다. 특히나 담장을 가득히 꽃 피운다. 장미꽃을 5월의 여신에 비유하며 그 향기에 매료되어 자기 동일화한 묘사가 돋보인다. 그러나 마지막의 "가시가 옆구리를 찌른다/너 자신을 알라'고 한다"라는 마지막 구절은 자기 성찰과 함께 겉모습만으로 판단할 수 없는 본질을 일깨운다. "빨간 볼 내밀고"라며 의인화로 장미꽃의 모습을 묘사한다. 그러면서 장미꽃이 된 듯 향기에 몽롱해진다는 시적 화자의 감정이입이 독자에게 감미롭게 다가온다.

    장미는 겹꽃잎이 화려한 꽃이기 때문에 서양권에서는 꽃들의 여왕이라고 불리는 독보적인 존재다. 고대 로마 시절에는 도금양과 함께 비너스(아프로디테)를 상징하는 꽃이었고, 기독교 이후에는 성모 마리아를 상징하는 꽃이 되었다.

    양지바른 언덕 위에
    앙증맞은 꼬마가 앉았네

    겸손하게 낮은 자세로
    보랏빛 미소로 반기면

    가까이 다가가
    예쁘다 귀엽다 어루만지며
    가만히 소곤소곤 속삭이네

    꽃 중에 보랏빛 작은 꽃
    너무 귀여워
    머릿속을 맴도네

-「제비꽃」전문

    제비꽃은 강남 갔던 제비가 돌아오는 무렵에 꽃이 핀다고 제비꽃이라 부른다는 설과, 꽃의 모양과 빛깔이 제비를 닮아서 이름이 유래했다는 설이 있다. 또 오랑캐꽃이라는 이름의 유래에는 꽃이 필 무렵 오랑캐가 자주 쳐

들어와서 붙었다는 설과 꽃의 생김이 오랑캐의 투구 또는 머리채를 닮아서 그렇게 부른다는 설이 있다. 앉은뱅이 꽃은 키가 작아 앉아 있는 것 같다고 해서 붙인 이름이다. 보랏빛 작은 꽃에 깃든 겸손함과 소박함, 자연의 교훈을 포착한다. 어린아이를 닮은 제비꽃은 순수와 동심의 상징이 되며, 시인의 내면을 정화한다. "앙증맞은 꼬마"로 의인화하고 "겸손하게 낮은 자세로"라며 발밑에 밟힐 듯 피어있는 제비꽃의 모습을 낮은 자세의 겸손함으로 표현한다. 작은 꽃이지만 인격을 부여하여 그려낸다. "가만히 소곤소곤 속삭이네" 같은 표현은 자연과 대화하는 시적 자아의 친밀감을 보여준다.

 정연옥 시인의 작품을 살펴본 결과 전체적으로 문학적·철학적 특징을 지니고 있음을 알 수 있다. 삶에 대한 성찰과 겸손, 반성의 자각심이다. 또한 나이 듦과 존재의 의미 등 내면을 성찰하는 내용이 중심이 되고 있다. 동양철학의 영향인 노자와 공자 등, 도가道家와 유가儒家사상을 자연스럽게 녹여내어 깨우침을 준다.
 형식은 간결하고 쉽게 써져 의미는 따뜻한 감정으로 발현한 시인의 정서를 느낄 수 있다. 문장은 단정하고 짧지만, 함축된 의미에 여운이 남는다. 시간의 흐름과 존재성이 강조된다.
 작품의 특징이라 할 수 있는 것은 가족에 대한 애착심이라고 볼 수 있다. 자식을 향한 깊은 사랑의 절절함이 배어 나온다. 자식에게 베푸는 사랑은 일방적인 내리사랑이며 짝사랑이다. 오직 자식을 위해 살아가는 모성애가

큰 감동을 자아낸다. 누구나 겪지만, 쉽게 말하지 못하는 삶의 무게와 내면의 진실을 담담하면서도 깊게 그려낸다. 나이 들어감과 상실, 겸손으로 일관하는 일상의 언어로 고요한 울림과 반성의 의미로 형상화한다. 시를 창작한다는 것은 일반적인 정서의 보편적인 느낌으론 시적인 정서의 환기喚起가 되지 못한다. 시적인 느낌, 시적인 감동은 이러한 보편적이거나 일반적인 느낌을 특수한 감동으로 환기해야 한다. 그래서 아무도 체험하지 못한 감동이 일렁일 때 비로소 시적인 창작의 발상이 될 수 있다.

앞으로도 정연옥 시인은 평범 속에서 캐낸 감각적인 시적 요소를, 구체적으로 형상화해서 시를 쓴다면 더 좋은 작품성으로 빛날 것이다. 이러한 현상이 시가 된다는 평범한 발상은 기초적인 한 단계이기도 하다. 이 단계에서 보이는 현상 그 너머를 발견하는 것, 보이지 않는 것을 볼 수 있는 발상 차원을 한 차원 높게 끌어 올릴 수 있어야 한다. 그리하여 독자가 저절로 감동할 수 있는 작품을 창작하는 것이 시인에게는 가장 큰 기쁨이 되리라 믿는다.

정연옥 시인은 이미 시를 쓰기 이전에 30여 년의 서예 경력과 명인名人이란 호칭을 보유하였다. 사단법인 한국미술협회 소속의 화가로서도 붓을 놓지 않았다는 사실이 중요하다. 이제는 시서화를 다 섭렵하여 모름지기 예술적 가치를 높여 진정한 시인으로 거듭나기를 바란다. 첫 시집에 거는 기대와 함께 이 시집의 소박한 매력이 독자에게 감동의 물결로 전해지기를 진심으로 기원한다.

세날이 가고 달이 가면
잊히리란 말도 거짓말

뜨거웠던 사랑 탓일까
날마다 애틋한

| 떠나감에 대하여 中

그 편지는 부치지 못한다

시 한 줄

시 한 줄 얻으려면
자연스레 선량한 마음 솟는다

시 한 줄 얻으려면
뉘우침과 사랑
아픈 마음도 어루만져준다

시 한 줄 얻으려면
동심으로 어려진다

공자님 말씀에
시詩 삼백 수면
사무사思無邪라 하였다

좋은 마음 다스리기 위해
시를 쓰고 싶다

삶의 무게

세월 흐름에 등 떠밀려
노인은 되기 쉬우나
세월 흐름 속에 반드시
어른이 되는 것은 쉽지 않다

세월이 일깨워 준
연륜의 지혜로
가려서 볼 줄 알고
가려서 들을 줄 아는
성숙한 삶이라면

한 살 더하여도
존재의 보람 아닐까

흔적

반복되는 일상의 삶 속에
겉으론 모습을 다듬고
옷매무새로 단장한다

내면의 심성도
예를 갖추고
덕을 베풀고 살아왔는가?
자신에게 반문한 메아리
부끄러움에 숙연해진다

배우고 깨우치며
아름다운 노을빛으로
발자취 남겼으면

떠나감에 대하여

둥근 달빛 아래
손가락 걸며 맹세한
백 년의 약속

그 약속 져버리고
속절없이 떠나간 그 빈자리
날이 가고 달이 가면
잊히리란 말도 거짓말

긴긴밤 잠 못 이루며
달래보는 내 마음 빈자리
그 무엇으로도
채울 수 없는
세월의 흐름 따라 더 커지는
애잔한 빈자리
뜨거웠던 사랑 탓일까
날마다 애틋한
그 편지는 부치지 못한다

오늘

선물 중에 가장 값진
오늘이란 선물 받았네

어제 떠나간 영혼
오늘을 얼마나 갈망했으랴

오늘이 있어
너와 나
만날 수 있고
만나고 헤어짐 속에
한 편의 추억을 쌓아가듯
오늘의 너를 사모해
내일도 만나고 싶다

부여받은 오늘이란
최고의 선물
희망의 삶, 꿈을 꾸며

버거운 이름값

한 해가 저물어 가는 날
시인이란
버거운 칭호 받았다
기쁨과 함께 짓누르는 이름값
만감이 교차한다

마음을 다스려본다
고목도
새싹에서 자라났듯
천 리 길도
한 걸음부터 걷듯이
시와 벗 되어
끝없이 문향으로 빛나는
그 이름값 되리

벗의 약속

붓끝의 묵향으로 한 획 두 획
마음을 담은 손길 따라
예화 향으로 부족한 가슴을
어루만져주는 묵향의 벗
하얀 대지에 오색물감 풀어
예리한 붓끝의 흔적
무지갯빛 수채화
꽃 잔치 열어 벌 나비 함께
낙원의 정겨운 벗

일상에서 고독을 느낄 때
가슴 속에 잠자고 있는 사연
욕망 하소연 풀어
한 줄 두 줄 시를 엮으며
함께 놀아주는 벗
끈끈한 시서화의 우정
변치 말자, 그 약속

묵향의 길

짊어진 삶의 고뇌
문방사우 인연이 되어
질곡의 미로 속에
희로애락 교차하는 삶의 연속

세월 흘러
찾아드는 밝은 햇살
칠흑빛 자취의 수채
인고를 양약으로
몽올몽올 꽃 피우니
향 내음 진동하네

희수喜壽의 강기슭에서
받아 든 서·화· 명인名人 칭호
분에 넘치는 칭호
한 걸음 더 채찍으로 깊이 새기며
묵향에 젖어드네

오늘이 최고의 날

삶의 여정
내일을 갈망한 영혼들

예고 없는 건강의 적신호로
절망의 충격
병상에서의 생활
신음 비명에 악몽 같은 시간

환자의 가운 벗고
집으로 향하는 길
파란 하늘이 한층 아름다워라
맑은 공기 탐스런 목련화
연녹색 잎새
벌 나비 살랑살랑 지저귀는 새소리
세상이 아름답고
온통 감사의 마음이다

자연을 만끽하고
건강이 존재하고 웃을 수 있는
오늘이 최고 행복한 날

세월이 가면

세월이 가면 좋다
험난한 가시밭길
묵묵히 달려왔다

세월이 가면서
무거운 짐
훌훌 벗어버려 좋다
더는 삶에
집착하지 않아 좋다
더는 얽매이지 않는
자유로움이 좋다

걸어온 발자취 거울삼아
사랑스런 눈빛으로 보듬으며
보람된 흔적
남기고 싶다

아름다운 삶

누가 나에게 젊음을 돌려준다면
흔쾌히 응하지 않으리

안개 속 아득했던 삶
어두운 긴 터널을 지나
의무감 속박 감에서 벗어나
무거운 짐 다 내려놓았네

자신을 위한 자유의 시간
젊음에 못다 한 꿈을 꾸며
노년의 삶 가꾸어가리
자신을 사랑하리

행복한 순간

늦은 나이의 배움이란
짜릿한 깨달음을 얻는 순간

가시밭길 헤치고
찰나의 상쾌함으로
평탄한 길 걷는 순간

목표를 향해
정상에 이르렀을 때
날아오르는 순간

시 한 줄 영감 얻을 때 기쁨의 순간
삶과 행복은 공존하여
순간순간 벅차오른다
나도 모르게 노래 부른다

마음의 촛불

어둠을 밝혀주는 촛불
제 몸 뜨겁게 불태워
아픔의 눈물 흘리며
어두운 가슴에도
빛과 희망을 담아주네

촛불 바라보면
마음이 평온해지고
온정의 자비심 샘 솟네

나의 작은 마음에
촛불 하나 있으면

그대 괴로워 잠 못 이루고
하얗게 지새울 때
희망의 촛불 밝혀주리

삶은 흘러가는 강물

좋은 하루도
나쁜 하루도
강물처럼 흘러가니
참으로 좋다

아픈 일도
힘든 일도
슬픈 일도
강물처럼 흘러가니
얼마나 다행인가

흘러간 빈자리
내일이란
새 희망
새 마음

날마다
새로운 태양 떠오르고
마음을 채워가는
오늘에 감사한다

소금사랑

모습이 화려하지도 않고
순수한 하얀 은빛 가루
달콤한 맛도 없이 짜디짠
매력도 없는 것이

네가 그토록 귀중한 존재임을
산수傘壽의 세월 속에
비로소 깨우친다
한없이 부끄럽구나

제아무리 고급 요리도
너 없이
먹을 수 없고
너와 동거하지 않으면
내 몸도 지탱할 수 없다

너는 나의 생명
온 우주인의 생명
오늘도 감사의 마음 담아
식탁을 차려 수놓는다

뚝배기

화려하지도 않고
늘 변함없는 묵묵한 모습

그릇에 담기는 대로
서두르지도 않으며
제 몸 펄펄 끓여
깊은 맛을 우려낸다

사랑 듬뿍 받고
행복 주는 뚝배기

끈끈한 정
인내심
배려하는
그 모습 뚝심이 새겨진다

내 가슴에도
누군가 지친 마음

쉬어갈 수 있는
의자 하나 있다면

| 빈 의자 中

착한 의자처럼

해돋이

새해 첫날 해맞이
미약한 인간의 소망
저마다
소원 성취 꿈꾸며
두 손 모아
빌고 빌어본다

새해 첫날
여명의 아침
일출봉
인산인해를 이룬 모습
장관이다

해맞이
동해로 달려가지 못해도
새해 아침
삶의 자취를 돌아보며
새 마음 새로운 각오로
새 뜻을 세운다

사노라면

삶은 연극 무대이다
인생 2막이 시작되고
사노라면
늘 변화 속에
오늘보다 더 밝은 날
꿈을 꾼다

꿈을 꾸며 사노라면
가슴 속에 긍정의 꽃 피어나
밝아오는 아침

사노라면
인생은 살만하다고
훗날 말하리라

마음에 내리는 비

스산한 가을날
유리창에 비 내리는 날
따뜻한 커피잔 마주하니
울컥 솟아오르는 그대 얼굴

그대와 인생의 싹을 틔우던
추억의 향기가
커피잔 속에서
모락모락 피어오르고

볼 수도 손잡을 수도 없는 그대
추억은 그리움의 비가 되어
애잔한 내 마음에
하염없이 흘러내린다

그걸 못합니다

인사할 때
허리를 조금 더 숙이면
정중해질 텐데
그걸 못합니다

말 한마디
조금 더 친절하게 하면
듣는 사람 기분 좋을 텐데
그걸 못합니다

실수했을 때
'미안합니다'라면 될 것을
그걸 못합니다

'감사합니다' 그 표현이
어렵지도 않은데
그걸 못합니다

나도 위선자

우리는 제각각 괜찮은 척하며
살아가는 거지
괜찮은 사람 아무도 없다

삶은 힘들어도
힘들지 않은 척하며 이겨내는 거지
힘들지 않은 사람 없다

부족해도 포장하며 아는 척하는 거지
완전한 사람 없다

모두 자신만의 무게
이고 지고 살면서
무겁지 않은 사람 없다
허울 좋게 사는 거지
때때로
위선은 삶의 영양분이 된다

물처럼 살 수 있다면

낮은 곳을 찾아 흐르는 겸손
막히면 돌아갈 줄 아는 지혜
모든 것을 받아주는 포용력
어떤 그릇의 용기에도 담기는 융통성
단단한 바위도 뚫는 끈기와 인내
장엄한 폭포처럼 쏟아 내리는 용기
유유히 흘러 바다를 이루는 대의

노자 도덕경道德經 읊으니
나의 걸어온 발자취 부끄럽다
허우적거리는 일상
물처럼 살아보리라

눈물

생이 이어지면서
눈물 흘려보지 않은 사람 있으랴

기쁨의 눈물
슬픔의 눈물
아픔의 눈물
억울함의 눈물
하늘이 무너진 눈물

눈물 중에 가장 힘든 눈물은
하늘이 무너진 눈물이다
흘려보지 않은 사람은
애달픈 심정을 어찌 알까

생각 차이

휴일 아침
불러주는 친구도 없고
갈 곳도 없는 우울한 순간
커피 한 잔 혼자 음미하며
내 삶 더듬어 본다
커피 한 잔의 아늑함
그래, 부정은 부정을 낳고
긍정은 긍정을 낳는다는
단어 머리를 스친다

늘 남에겐 칭찬하며
자신에겐 칭찬을 아꼈다
나를 사랑하자
내가 존재함으로 모든 것이 존재하듯
자신에게 사랑으로 칭찬하니
삶에 욕망이 샘솟네

소소한 행복

아침의 상쾌한 공기를 호흡하며
출근 시간 콩나물 버스 속 시달려도
존재의 보람 가득하다

아침에 일어나
갈 곳이 있어 좋다
내가 필요로 하는 곳 반겨주어 좋다

미래의 희망 새싹 꿈나무들
마주치면 반짝이는 눈망울
노년의 가슴에도
동심의 전율 녹아내린다

그냥

매서운 찬바람 밀어내고
남풍이
자양분을 안고 와
꿈틀꿈틀
산과 들에 연둣빛
붓칠한다

고요하던
내 마음도
그냥 꼼질꼼질

바다가 보이는 찻집에서
끝없는 수평선
바라보며

찻잔 속에
너와 나의 마음 담아
그냥 담소 나누고 싶다
그냥 있는 그대로

팔달산이 부르네

팔달산 부름을 받아
정상에 오르면
낙락장송 푸르게 푸르게
정조대왕 혼
착하게 살라고
들려오는 맑은 바람
팔달산 능선 따라
화성 성곽
어머니 포근한 품이네

서장대에 오르니
수원 광경 한눈에 담아
긴 호흡 가슴이
뻥 뚫리네

창룡·화서·팔달·장안
서대문 깃발
정조대왕 혼 담겨 나부끼네
유네스코 세계문화유산 등재
영광의 수원 팔경

나의 긍지는
수원 사랑
수원 사람이네

화성행궁 느티나무

화성행궁 신풍루 앞마당
장엄한 느티나무 세 그루
아버지 사도세자를
숭배하는 효심 나무

정조대왕 신풍루에 올라
민심을 보살피며
충효 정신 깃드네

삼정승 세 그루 느티나무
역사의 뒤안길 밝히는 보호수
길이 보존하여 지키리

빈 의자

호젓한 산길 산행하다
지친 몸 쉬어가라고
묵묵히 비바람 눈보라 견디면서
늘 그 자리에 기다리고 있다

지친 몸 안도의 한숨
행복하게 웃는 얼굴
맞이하며 보내는
착한 의자처럼

내 가슴에도
누군가 지친 마음
쉬어갈 수 있는
의자 하나 있다면

메아리

가는 말이 고우니
되울려 오는 말도 곱다

주고받는 정겨운 말
사랑 샘 솟아오르고

가는 정 오는 정에
행복 웃음꽃 피어난다
사람 향기로운 꽃 화들짝 웃는다

마지막 달력 한 장

달력은
뒤도 안 돌아보고
앞만 보고 가는 시계처럼

달력 한 장 두 장 속에
힘들었던 날
아쉬웠던 날
즐거웠던 날
파노라마처럼 물결친다

아쉬움 한 줌 움켜쥐고
미련도 저만치 두고
숙연해지는 마음
매달린 저 달력 한 장

주위는 온통 무지갯빛
여백은 희망의 원천이다

| 여백을 위하여 中

여백을 위하여

달빛

온 세상 캄캄한 밤
신비한 밝은 빛
자연의 순리에 순응하며
늘 변함없는 달빛

바라보면 환하게 웃고 있는 달빛
내 마음에도 달이 뜬다
달에게 그만 들켜버렸다
모난 마음 편견 버리고
둥근 달빛처럼
둥그러지란다
심장에
쿵, 무너지는 소리
둥글게 살라 한다

여름밤의 추억

유년 시절 여름 저녁이면
마당에 멍석 깔고
쑥 잡초로 모깃불 피우면
희뿌연 연기 머리카락 흩날리며
담장을 넘는다

저녁 식사 온 가족 일곱 식구
두레상에 둥그렇게 앉아
감자 보리밥에
열무김치 풋고추 된장에 찍어 먹던
보릿고개 시절 그 맛은 잊을 수 없다

멍석 위에 오 남매 나란히 누워
바라보는 내 고향
드높은 밤하늘은 더 아름답다
무수히 반짝이는 별빛 쳐다보며
서로 저 별은 내별이라 노래 불렀다

주위는 고이 잠든 캄캄한 밤
반딧불이 잡던 정겨운 추억
그 여름밤 내 마음에 녹아내린다

꿈

노년의 가슴 속에도
꿈은 꿈틀거린다

그 누구도 알 수 없고
느낄 수 없는
오직 나만의 꿈

젊은이들은
노인이 무슨 꿈이 있으랴
빈정댈진 몰라도

그 꿈을 위해 도전해 보자
꿈은 삶의 원동력이 아닐까
꿈은 꿈으로 끝날지라도

이별

수많은 사람 중에
부부란 인연 되어
검은 머리 파뿌리 되도록
알콩달콩 살자고
손가락 걸며 한 맹세

눈에 콩깍지 씌어
이 세상에 가장 예쁜 꽃으로 보이는
달콤한 속삭임
모두 다 져버리고
무엇이 그리도 급하여
말 한마디 못 하고
떠나고 보내야 하는 처절한 운명

인고의 삶을 엮었지만
그래도 고맙습니다
그 무엇과도 바꿀 수 없는 사랑의 선물
세 아들 주셔서 행복합니다

당신은 떠났어도
나는 보내지 않았습니다

여백을 위하여

젊을 땐 생존경쟁에
바늘구멍 틈도 없이 허덕였다
채우려는 욕망
하나, 둘, 셋 채워지지 않는 삶
늘 불만족한 일상

어느덧
세월의 언덕에서 되돌아보며
소유의 욕심 버리고
비우고 나서야
나의 존재감 건강하게
오늘을 맞이한다

주위는 온통 무지갯빛
여백은 희망의 원천이다

가을비

가을비가
황혼 들녘을 촉촉이 적신다

유리창에도
이 마음에도
하염없이 흘러내린다

빗소리와 함께 밀려오는
아련한 추억들
수많은 사연
그리운 얼굴들

가을비가
한 방울 두 방울 빗줄기로 엮어
허전한 이 가슴을
울긋불긋 고운 단풍으로 채색한다

낙서장

땅거미 짙어
적막이 흐르는 밤에
머릿속을 스치는
소용돌이들

용감히 문학창작반에 입문하여
백지에 낙서하듯
일상의 삶 희로애락에
얽매이지 않고
자유롭게 읊어보는 낙서장

낙서장 너는 나의 친구
서로 끈끈한 친구 되어
선택받은 하얀 대지 위에
한 획 한 획 엮어
아름다운 옥토의 대지로 승화시키리

황혼의 설렘

에메랄드빛 끝없는 수평선
푸른 물결 춤을 추는 파도 소리
반짝이는 하얀 은모래 밭
두 손 꼭 잡고 타박타박 걸어간다

갈매기 노래하는
가슴 탁 트인 바다를 바라보며
한 발짝 두 발짝
희망의 미래를 노래한다

지나간 허물들
파도에 씻어버리고
희망의 미래 하얀 모래밭에 그려본다

마주 잡은 두 손
따라오는 두 발짝
황혼의 설렘은
마냥 행복이어라

어울림의 행복

젊은 시절엔
생활고에 힘겨워
뒤돌아볼 여유도 없이
바쁜 일상에 쫓긴 삶

이제 세월의 무게만큼
여유로워진 노후의 삶

자유로운 어울림의 삶을
지나간 코로나19란 바이러스 존재
거리두기 사슬에 묶여
창살 없는 감옥으로
우울증에 웃음을 잃었던 그때

정겨운 어울림의 날
다시 일상을 찾은 지금
행복한 오늘이 더없이 소중하다

나를 사랑하리

삶의 일상에서
가끔 나에 대한 증오심
나는 왜
부족함이 많을까

부정의 사고 싹트면
마음도 암울하고
주위도 미움투성이로 보이네

나를 사랑하는 마음
좀 부족해도 '괜찮아' 말하면
마음에 맑은 샘물 흐르네

나를 사랑으로 어루만지니
얼굴에 해맑은 미소 꽃 피어나네

행복한 마음 가지니
일상이 봄날
행복은 내가 만들어주네

귀인을 만나다

오늘은 운 좋은 날
매일 아침 출근 시
버스를 이용한다

버스 앞쪽엔
임산부 노약자 자리
지정석이다
늘 비어 있어 앉는다
임산부 승차하면
자리 양보해 주려 하지만

수많은 날
기회 오지 않았다
오늘 비로소
배가 둥그런 큰 복을 담은 모습
한 귀인을 만났다

저출산 시대
임산부 천사 같은 귀인
자리 양보하는
흐뭇한 날이었다

선망의 그 사람

묵묵히 변함없이 인자한 모습
너와 나 모두에게 사랑스러운 눈빛으로
지식과 상식 예를 일깨워 주는 사람

상선약수처럼
닮고 싶은 사람

얼마만큼 배워야
그렇게 지혜롭게 살까?

늘 선망의 대상
좀처럼 바뀌지 않는
내 모습

오늘도 그의 모습을 닮으리라
다짐해 보는 일상

그대는 좋은 사람

몇 마디 말에도 심장이 울리고
스치는 몸짓에도 향기가 나고
멀리 있으면 얼굴이 아른거리고

옆에 있으면 든든하고
옆에 있으면 편안하고
옆에 있으면 즐겁다

그대는 내 마음의 지표가 되는
좋은 사람
내 삶에서 그대를 만남은
크나큰 보람이다
그대는 삶의 활력소다

친구

마음 울적할 때
마주 앉아
은은한 커피 향 음미하며
넋두리 주절주절 읊어도
고개 끄덕이며 내 마음 알아주는
친구 하나 있으면 좋겠다

나란히 앉아서
지는 해 함께 바라봐 줄
친구 하나 있으면 좋겠다

징검다리

고향 마을 작은 개울에
맑은 물소리 시원하다
냇가에 돌멩이
듬성듬성 놓인 징검다리

친구는 돌다리 동쪽
나는 돌다리 서쪽
여름밤이면 돌다리에서 만나
시냇물에
발 담그고 물장구치면
송골송골 땀방울 사라지고
우정은 깊어지네
반딧불이도 함께 놀자고
반짝반짝 비춰주네

징검다리 너의 희생으로
마을의 끈끈한 정을 이어주는 디딤돌
고마운 징검다리
잊지 못할 추억의 징검다리

위력의 혀舌

사람의 혀는 신기하다
혀는 발이 없다
그러나 천 리를 갈 수 있다

혀는 날개가 없다
그러나 온 천지를 날아다닐 수 있다

혀는 부드럽다
그러나 비수를 가졌다
사람을 웃기고 울리고
희망과 절망에 빠뜨릴 수 있다

혀를 잘 다스리는 자가
최고의 성공을 한 사람이다

혀를 잘 다스리며
남은 삶 시를 쓰며 살고 싶다

세상을 다 얻은 감동
그 어디에 비교할 수 있으랴
사랑을 주고 사랑을 받고

| 어미의 마음 中

그냥 좋다 바보 어미

오월에 띄우는 편지

해맑은 얼굴
영리하고 당당한 모습
가문의 주춧돌 역할 하는
큰 며느리에게 건강의 적신호
집안에 먹구름 가득하다

우리나라 의술이 발달하였고
최고 의료진 치료받고 있으니
먹구름 지나가고 무지개 뜰 것이다
조금만 인내하렴

우리 가족 늘 두 손 모아
간절히 기도, 기도 하고 있다
집안 걱정 다 내려놓고
본인만을 위한 건강
긍정의 삶 바란다
엄마로서 무엇하나 도움 줄 수 없는
안타까움
머지않아 먹구름 걷히고
파릇파릇 오월 연둣빛 펼쳐지리라

어버이날

5월이 오면
고개 숙인 양심
씨앗이 기지개를 켠다

허리끈 졸라매시며
아낌없이 주신 사랑
그때는
왜 몰랐을까?

알아갈 즈음엔
다시 오실 수 없는
먼 길 가셨다

5월 어버이날이면
큰 바위 짓누름처럼
가슴이 아려온다

보리밥

가난한 시절
보리밥은 삶을 지탱 해준 생명줄
고마운 영양분
그 보리밥 감사할 줄 몰랐다

때때로 보리밥 싫다고
투정 부리고
학교 점심 도시락
꽁보리밥 부끄러워
도시락 뚜껑으로 가리고
밥을 먹었다

이밥 먹고 싶다고
투정 부렸던 철없는 어린 마음
어머니 가슴은
얼마나 아프셨을까

부모 되어보니
한없이 부끄럽고
죄송스럽다 마음이 쓰다

사랑

사랑이란 오묘하다
누가 가르쳐 주지도 않는데
늘 샘솟는 사랑

어미보다 키도 훌쩍 자라고
성인이 되어 머리카락도 희끗희끗
지식 상식도
어미보다 훨씬 능가하건만

유년 시절 아이로 보이고
열심히 사는 모습 보면
늘 애처롭고
더 잘해주지 못한 아쉬움

좋아하던 음식을
혼자 접할 때면
마음조차 찡하고
아, 이것이 끊을 수 없는 천륜인가
누가 뭐래도
못 말리는 사랑

설날

한밤 두 밤
손꼽아 헤아리던 설날
설빔으로 새 옷단장하고

어른께 큰절 올리고
세뱃돈 받으면
좋아라 춤추던
그 시절 아련한데

자연의 순리에
어느덧 어른이 되어
절받고 세뱃돈 줄 수 있는
손자 손녀 있으니
따스한 가슴에 피어나는 꽃봉오리
방긋방긋 피어나네

바보

생각만 해도 좋다
바라보면 더 좋다

미운 짓을 해도
예쁜 짓을 해도
그냥 좋다

왜 좋은지 나도 모른다
내 마음이 시킨다
내 삶에 희망을 안겨준
아들이란 이름

그냥 좋다 마음이 달다
바보 어미

어미의 마음

신의 은총 받아
부모 자식 인연이 되어
어미 품에 안기는 순간

세상을 다 얻은 감동
그 어디에 비교할 수 있으랴
사랑을 주고 사랑을 받고
행복의 힘으로
모든 역경을 견딜 수 있는
용기 희망 인내

사랑하는 아들들의 버팀목으로
힘든 삶도 낙으로
존재하는 그날까지
사랑하리

가을 사랑

귀뚜라미 울음 속에
에메랄드빛 가을 하늘
들녘에는 황금물결
너울너울 춤을 춘다

한여름 농부의 땀방울이
풍요롭게 미소 짓고
오곡백과 알알이 영글어
마음도 풍년이네

살랑살랑 가을바람이
창가에 머무르면
가을의 정취 잠겨
시 한 수 읊조리네

너와 나

너의 해맑은 미소가
나에게 기쁨 주고

너의 고운 말이
나를 편안하게 하고

너의 베푸는 마음이
나를 흐뭇하게 하고

너의 고운 마음
나의 가슴속에
차곡차곡 저장해 놓고
조금씩 조금씩 꺼내 놓는다

너를 닮아 보려고
허덕이는 일상으로

무지개

나의 무지개는
세 가지 색이다

캄캄한 하늘에
희망의 빛을 비춰주는
빨강 파랑 초록
삼 형제 무지개

용기와 인내 희망으로
다리를 놓아주는
색동 무지개

우린 떨어질 수 없는
무지개 가족이다

갈망하던 선물

갈망하던 선물
받을 때마다
신비하고 황홀했었지
더 많이 받고 싶었는데
이젠 더 주지 않을 거 같다

받은 선물
눈을 감고 보아도
눈을 뜨고 보아도
참으로 예쁘고 소중하다

그 소중한 선물 이름은
손자 손녀
기쁨과 행복을 안겨준 선물
아낌없는 사랑으로
보답하리

주름살

어린 시절엔
주름진 할머니는
본디 할머니인 줄 알았다

나의 몽실몽실하던 모습 어디 가고
거울 속엔 주름진 할머니와
마주하고 있네
산수傘壽의 흔적이다

모진 풍파 견디어낸
희로애락의 물결
세월의 징표
자랑스런 훈장이다
'고생했어'라고 보듬으며
주름살도 대견하여
미소 짓는다

약속

서로 끌어주고 믿어주며
잘살자고 굳은 약속
이루지 못했네

해마다 이때쯤이면
연례적으로 떠나간 그날 밤이 오고
그 시간에 만나네

무언의 안부 속삭일 때
아픔은 세월 흐른 뒤에도
여전히 그리움만 남네

시골뜨기 소녀

내 고향 봄 내음
파릇파릇 고개 내밀면
쑥 냉이 나물 캐는 소녀

어머니 쑥국 냉잇국 정성스러운 손맛
강산이 수없이 변해도
못 잊어 더 그리워진다

나물 캐던 그 소녀
머리엔 하얀 서리 내려도
봄바람 간질간질 속삭이면
시골뜨기 소녀로 돌아가
들판을 더듬으며
쑥 냉이와 눈 맞추고
콧노래 부른다
저 멀리 아지랑이 손짓한다

입춘을 맞아

봄의 시작을 알리는
새해 24절기 중 첫 번째 입춘
해마다 입춘이면 현관문에
입춘대길 건양다경 立春大吉 建陽多慶 붓글씨로
정성 들여 써 붙인다

봄이 시작되는 크게 길하고
따스한 기운이 도니
경사스러운 일이 있기를
간절히 기도하는 마음으로 써 붙이면
왠지 꼼질꼼질 새싹이 고개를 내밀 듯

맑은 마음으로 평온하다
행운이 저 멀리서 손짓한다

새해가 되면

을미년乙巳年 새해
또 만나 반갑다
새해 첫날이면

해와 달 별 만나
새해 인사하고
새 마음 새 각오 가슴 벅차다

헤아릴 수 없는 시간
급변하는 AI 지능 속에 모자람 투성이
걸음마 걷고 또 걷는다

乙巳年 새해에
바라는 꿈 안겨달라
고개 숙여 기도한다

설 명절이면

둥지를 떠나간 새들
어미 둥지로 돌아왔다
반가움에 얼싸안는 사랑
부산 막내아들 8살 손자
함박눈 내리는 것
태어나서 처음 본다고
신기한 얼굴엔 함박꽃 핀다
좋아라 날뛰며 눈사람 만들고
은빛 세상 무대에

멋스러운 사진 찰칵찰칵
행복이 무르익는다
밤에는 가족 3대 둘러앉아
다과를 나누며 그림 공부 화투
금전이 오가는 경쟁심
한 치의 양보는 없다
화기애애한 그림 공부
돈독한 가족 사랑
올 설날은
추억 한 페이지로 남는다

자연의 신비로움에
온갖 시름 다 날아가고

아름답고 넓은 시야를 바라보며
시 한 수 읊어본다

| 여의루의 명상 中

겸손하게 낮은 자세로

신록을 보며

얼었던 대지에
묵묵한 인내로
봄이란 이름 달고
화사한 꽃망울 벙글어
꽃 잔치 열고
벌 나비 초대해
내 마음 설렘으로 흔들어 놓고

녹색 물감 풀어
연둣빛 푸르게 푸르게
산천을 붓칠하네

움츠렸던 가슴 속
꿈도 사랑도 아련한 그리움으로
푸르게 푸르게
내 맘을 덧칠하네

끈끈한 꽃 친구들

아침에 눈을 뜨면
해맑은 미소와
눈빛으로 속삭인다
귀가하면 지친 마음에
활력을 주는 친구

그 친구 이름은
재스민
연보랏빛 은은한 향기로 유혹하고
제라늄 연분홍빛 얼굴
게발선인장 진분홍빛 얼굴
군자란 주홍빛 얼굴
초롱초롱한 꽃망울에
눈 맞추면

고요한 내 마음에
기쁨 샘솟아
주름진 얼굴에 행복 꽃핀다

여의루如意樓의 명상

만석공원 여의루에 오른다
주변의 녹음이 싱그럽고
산들바람에 잎새들 한들한들 춤을 춘다

이름 모를 새들은 서로의 소통인가
사랑의 속삭임인가 짹짹짹
장단 맞추듯 지저귄다
호수엔 싱그러운 연꽃 사이로
오리 한 쌍이 한가로이 놀고
운동으로 건강을 챙기는 다양한 모습들

자연의 신비로움에
온갖 시름 다 날아가고
아름답고 넓은 시야를 바라보며
시 한 수 읊어본다

겨울 산

은빛 눈꽃이
햇살에 반짝이는
고즈넉한 겨울 산

눈꽃 송이송이
신비로운 한 폭의 수채화
등산객들의 환호성

거기에 너의 하얀 마음
나의 하얀 마음
어우러져
겨울 산은 점점 깊어지네

꽃바람

움츠린 대지
간질이는 꽃바람
목련 개나리 진달래
차례로 펼쳐놓더니

아가야 얼굴
뽀얀 살 들어낸
벚꽃들의 미소
봄나들이 눈길 붙잡고
같이 놀자네

꽃바람, 너는
따뜻한 가슴
고운 사랑 나르는
봄바람이네

5월의 향기

싱그러운 녹색 품에 안겨
빨간 볼 내밀고
화사한 미소 손짓으로
발걸음을 잡는다

누군가
너를 5월의 여신
장미라고 했던가

너의 정열적 화려함에 매료되어
나도 장미꽃인 양
향기에 취해 몽롱해지네
너의 모습 닮고 싶어 속삭여본다
옆에 있는 가시가
옆구리를 찌른다
'너 자신을 알라'고 한다

보리밭

캄캄한 어둠 속
헤아릴 수 없는 밤낮을
엄동설한 바들바들 떨며
새 생명 길러내
푸른 물결 보리밭
어느새 황금물결 알알이 영근다

제비꽃

양지바른 언덕 위에
앙증맞은 꼬마가 앉았네

겸손하게 낮은 자세로
보랏빛 미소로 반기면

가까이 다가가
예쁘다 귀엽다 어루만지며
가만히 소곤소곤 속삭이네

꽃 중에 보랏빛 작은 꽃
너무 귀여워
머릿속을 맴도네

오월 이팝나무꽃

완연한 봄이 오면
쌀밥처럼 피어나는 이팝나무꽃

해 맞아 눈부시게 방실방실
달님 맞아 화사한 모습
얼굴 마주 보며 소곤소곤

우리 아가처럼 해맑은 미소
바라보기만 해도 행복해지는
꽃 탐스럽게 활짝 피면
풍년이 든다네
가을엔 하얀 쌀밥으로
풍년 주려나

토끼풀

꼬마 시절 소꿉놀이
토끼풀 하얀 꽃송이로

꽃반지 꽃목걸이
화관 예쁘게 만들어
신랑 각시놀이
먼저 예쁜 각시 하려고
아옹다옹했네

행운의 네잎클로버 찾으면
행운이다, 외치고
해님도 덩달아 방긋방긋

책갈피에 끼워
행운 꿈꾸며 고이고이 간직했지
네잎클로버 덕분에
지금 행운의 콧노래 부르네

찔레꽃

호숫가 언덕 위에
청순한 찔레꽃
하얗게 한 가족을 이루어
방실방실 웃고 있다

따사로운 해님들 방긋방긋
봄바람도 소곤소곤
벌 나비는 재빠르게 날아와
입 맞추며 속삭인다

해맑은 미소로 눈짓하는
이 순간
행복 두둥실
꿈결같다

봉숭아꽃

어릴 적 시골집 화단에
예쁜 봉숭아 꽃잎 따서
엄마가 정성 들여
손톱에 빨갛게 물들여 주시면

좋아라 춤추던 예쁜 손
세월의 흔적 물결치는 손 되었다

봉숭아 꽃을 보면
손톱에 꽃물 들여주시던

엄마의 그리움이
자꾸만 꽃물로 번져
가슴 깊이 새겨진다

구월이 오면

뜨거운 태양 한더위엔
구월을 얼마나 갈망했을까
불볕더위 물리치고
가을 알리는 구월이 오면

구절초 흐드러지게 미소 짓고
코스모스 갈바람에 나부끼고
고추잠자리 한가로이 노닐고

오곡백과 탱글탱글 영글면
농부의 얼굴에 환한 미소
어버이 마음도 풍년이다
자식에게 햇곡식으로
풍요로운 먹거리를 주는
구월 들판엔
축복의 금물결 일렁인다

눈

하얀 목화 솜털
소리 없이
가만가만
사뿐사뿐 나부낀다

나뭇가지에도
지붕 위에도
하얀 목화솜
송이송이 미소 지으며 손짓하고
아이들도 바둑이도
노래하며 춤을 추네

하얀 목화 솜털
온 누리에 눈부시게
은빛 옷으로 포근하게 덮어
산천초목을 고요히 잠재운다

세상 근심 걱정
인간의 번뇌도
조용히 감싸주렴

강변의 수양버들

멀고 먼
강물이 가는 길
어디인가

내 안의 서러움
떠나간 그대, 어디인가

출렁이는 은빛 물결 위에
드리운 수양 실버들
하늘하늘 춤을 추네

불타는 저녁노을
강물을 한입에 머금고
님의 그리움도 불타

수양 실버들 가지
살포시 잡고
깊은 시름에 잠기네

할미꽃

뒷동산의 할미꽃
젊어서도 호호백발
늙어서 우아한 자태

다소곳이
수줍은 듯
고개 숙인 네 모습

자주색 꽃잎 노란 꽃술
하얀 솜털
소박한 모습

수많은 꽃 중에 왜?
고개 숙인 할미꽃
수줍어서일까
겸손일까
슬픔일까
고개 들어 말 좀 해 보렴
너의 설움 내 설움
가슴 응어리 풀어보자꾸나